やさしい気持ちになれる子育てのことば

0〜6歳は甘えて育つ

平井信義 著
海野洋一郎 編

KANZEN

はじめに

この本は、平井信義さんがお母さん向けに書かれたたくさんの本の中から、0歳から6歳までの幼児を育てるにあたって、これだけは知っておいてほしいという大切な「ことば」を選んで1冊にまとめたものです。

平井さんは、子どもと遊び、親と悩みを共にする長い体験の中から、子育てには、欠かせない一つの重要な要素のあることに気づきました。それが、スキンシップ、つまり母と子の肌のふれあいです。

そこで、平井さんのところに相談にきたお母さん方に、「子どものからだでの甘えを受け入れて、スキンシップをしましょう」と提案し、その結果を確かめるという息の長い実践研究をしました。

その結果はどうなったでしょう?

親子の関係がよくなると同時に、気がかりな子どもの問題も解消するという数多くの実例を得たのです。

平井さんの子育ての基本は、何よりもスキンシップを大切にするという、とてもシンプルなものです。

肌のふれあいで、子どもは心身ともに安らぎ、満たされます。そうなると、子どもの生まれながらに持っている成長力がいきいきと働き出して、子どもは自分の力で成長していきます。

そう、子どもは自分の中に成長する力を持っているのです。

その成長する力を十分に発揮してもらうためには、親はどうすればいいのでしょうか？

本書は、そのための自然で納得のいく方法をシンプルに、かつ具体的に提案しています。

目次

カバーイラスト／おかドド
カバーデザイン／寒水 久美子

1章

幼児期に「意欲」と「思いやり」を育てておけば安心です

0歳から6歳までの子どものお母さんへ

お母さんは、わが子にどんな夢と期待を寄せていらっしゃるでしょうか？

50年にわたって、幼児といっしょに遊びながら、その成長を見守ってきた平井さんは、自立した立派な青年に成長した子どもたちの幼児期を顧みて、どの子も幼児期に自発性の発達がよく、いきいきと意欲的に遊ぶ子どもであったことに気づきました。

そして、もう一つ、その子どもたちに共通していたのは、「思いやり」の心があることでした。

いきいきと意欲的に生きる人は、どんな社会になっても、自分の力で食べ、生きがいを見つけることができます。

そして、「思いやり」のある人は、いい人間関係の中で、周りの人と調和して生きていけます。

わが子に「意欲」と「思いやり」を育てるには——それがこの章のテーマです。

子どもの姿と親の対応

情緒が安定した子どもは強く生きる

子育てにとって何よりも大切なことは、子どもの情緒の安定をはかることです。

子どもの情緒の安定にとって何よりも必要なことは、お母さんと子どもの情緒の結びつきで、それには子どもからのからだでの甘えを十分に受け入れること、子どもと楽しく遊ぶことです。

そうした情緒の結びつきができますと、子どもにはお母さんの温かいイメージが脳裡に刻み込まれ、それが「心の基地」になって、自発性が発達する基盤が作られるのです。

自発性の発達にともなって「意欲」がさかんとなり、あなたが望んでいるような強く生きる子どもになります。

情緒の安定に最も必要なこと

情緒の安定のためには、お母さんからかわいがられている――という確信を、子どもが持つことです。

楽しい思い出が「心の基地」になる

親たちは、何よりも子どもから慕われ、子どもに楽しい思い出を残すように、育て方の工夫をする必要があります。

親とともに過ごした楽しい思い出が、子どもにとって「心の基地」となり、情緒の安定に大きな意味を持つのです。

子どもの情緒を不安定にする育て方

何が何でも独立心を――と焦っているお母さんは、どうしても子どもの甘えを拒否しがちで、子どもの情緒を不安定にするものです。

このことをいつも念頭において、「子育て」をしていきましょう。

母親の温かいイメージが「心の基地」になる

お子さんがからだで甘えてきたときには、それを周囲の人々に気がねすることなく受け入れてあげてください。

それを甘やかしと取る人も少なくないと思いますが、甘やかしは子どもの物質的・金銭的欲望を満たすことであるのに対して、スキンシップは母親と子どもの間の情緒的な結びつきを築くのに極めて大切であって、それによって母親の温かいイメージが子どもの心に刻み込まれ、それが子どもの「心の基地」になるのです。

「心の基地」としてお母さんの温かいイメージを持っている子どもは、決して非行に走ったりすることはありませんし、一生涯お母さんを大切にすることでしょう。

情緒の安定は極めて大切です

情緒の安定は子どもの心の発達に欠かせない大切なものです。ですから、子どもがスキンシップを求めてきたときには、お母さんは十分にそれを受け入れてあげるといいのです。

甘えん坊になるのではないかという心配は無用です。甘えを十分に受け入れてもらった子どもは情緒も安定し、年齢とともにあまりベタベタしなくなるものですし、一方でいたずらなどを許容し、意欲を育てておけば絶対に大丈夫です。

添い寝で問題を解消

添い寝は、親と子どもの間の情緒的な結びつきをつけるためには、非常によい方法で、私は、とくに問題を持っている子どものお母さんに添い寝をおすすめして、問題の解消に効果をあげています。

ゆっくりゆっくりが子どもの本質

ゆっくりゆっくりしているのが子どもの本質なんです。私なんかは、パッパパッと手際よく行動するのは子どもじゃないと思っているくらい。

その点でも、やっぱり全体的におおらかなお母さんになってほしいんですね。子どもというものはゆっくりゆっくりしているものなので、そういう子どもの本質を受け入れることのできるお母さん、ながめていられるお母さんになってほしいと思う。

おおらかで温かい雰囲気を

子育てにとって非常に大切なことは、おおらかで温かい雰囲気を作り出すことです。

それにはまず、叱ったり叩いたりすることを少なくする必要があります。

そのためには、お母さんもお父さんも、おばあちゃんもおじいちゃんも、おおらかで温かい人格の持ち主になるにはどうしたらよいかを考えてみることから始めなければなりません。

反抗は喜ぶべきこと

子どもの成長過程には、大きく分けて三つの反抗期があります。2、3歳頃の第一反抗期、思春期の第二反抗期、そして、小学校2、3年生の頃の中間反抗期です。

反抗期について、お母さん・お父さんに知っておいてほしいことがあります。それは、反抗期に反抗することが順調な発達のしるしであるということです。ですから、反抗されることは親としては喜ぶべきことなのです。

「イヤだ！」が言える子は大丈夫

自己主張のできる子どもにするためには、親に対して「すなお」であってほしいという願いを払いのけることが第一です。親に対して「反抗」ができるようにしてあげることです。

お母さんが子どもに何かを頼んだときに、「イヤだ！」と言えるようになったならば、しめたものです。

子どもに「まかせて」見守っていましょう

意欲とは、いきいきと遊ぶ状態で、それは、自発性の発達とともにさかんになります。

自発性は、自分で考えて行動を選び出し、他人に頼らずに行動する力です。この力は、子どもに「自由」が与えられることによって発達します。

育て方としては、子どもに「まかせる」ことを多くするわけです。子どもに「まかせる」というのは、子どものしていることをよく見ていながら、口を出さない、手を貸さないという育て方ですから、放任とは全くちがいます。

子どもを引っ込み思案にする育て方

子どもの引っ込み思案は、お母さんやお父さんが作り出しています。

子どもに「まかせる」ことをしないで、あれこれとうるさく言ったり、手を貸すなどの養育が多いはずです。

子どもの能力を信頼して「まかせる」ことが最高の教育

放任は、無責任な親のすることで、子どもを生んだ以上、親には子育ての責任があるわけです。とくに人格形成について責任を負う必要があります。しかし、それはしつけをしたり何かを教えることとはちがうんですね。子どもには自分から発達する能力が備わっていますから、まず、その能力を見守っていることが、非常に大切な教育になるんです。

教育とかしつけと言うと、何か親の側でしてあげなければならないと思うかもしれませんが、見守るということ、〝まかせる〟ということが最高の教育である――というのが、45年以上に及ぶ私の「子ども研究」の結論です。

子どもの話をよく聞いてあげると社会性が育つ

幼児期の子どもは話しかけたがるものです。これも、自分から話したいという「意欲」の現れです。ですから、お母さん・お父さんとしては、その話の内容がどのようなものであれ、よく聞いてあげることが大切です。

初めのうちは、まとまりのない、よくわからない内容の話が多いのですが、親によく聞いてもらうことによって、だんだん上手に話ができるようになります。

そして、自分の考えを整理して相手に伝えるという社会性にとって大切な能力を発達させていくことができるのです。それとともに、自分の心を整理する能力（洞察力）や、問題を自分で解決する能力（自発性）も育っていきます。

いろいろな人に会うという経験を

幼い頃から、いろいろな人と出会い、いろいろな経験を重ねていくことが、対人経験となります。

同じことをしても、ニコニコと眺めている大人がいるだろうし、怒ってしまう人もいます。それぞれによって対応の仕方がちがうことを子どもが学習することによって、子どもは他人とのつきあい方を学び、それに自信を持っていきます。

親の「思いやり」を受けて子どもの「思いやり」が育つ

子どもの「思いやり」の心は、親たちや保育者・教師から「思いやり」を受けることによって発達するものであることが、だんだんに明らかにされてきています。

お母さんの「思いやり」が子どもに伝わって……

お母さんから「思いやり」を受けて育った子どもの心には、お母さんの温かいイメージが刻み込まれます。それが、子どもの心の基地になります。そして、「思いやり」がだんだんに育っていくのです。

お母さんを大切にする気持ちも育ち、とくに男の子には、女性を大切にする気持ちが育っていきます。女の子にも、お母さんのような人格の持ち主になろうという気持ちが育ちます。

親の「思いやり」のない言葉が子どもに影響

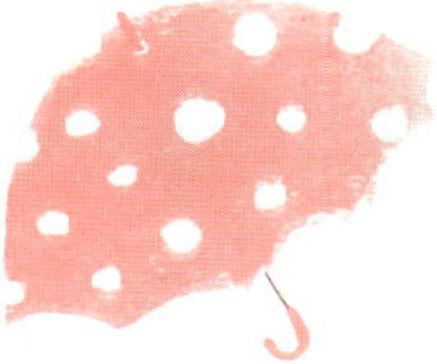

親は自分の行動や感じ方が子どもに大きな影響を与えていることを、十分に考えてみてほしいのです。

他人に意地悪なことをしたり、言ったりするお母さんは、それが子どもにどんな影響を与えているのか、考えたことがあるのでしょうか。

子どもに「思いやりの心」を育てたいと思うなら、まず親が「思いやりのある」人間にならなくてはならないと私が言うのは、子どもは親の心を実によく見て、感じ取っているからなのです。

「思いやり」は一生をかけて育てるもの

「思いやり」は大人でもなかなか実現できない深さを持っていますから、性急に子どもに求めることはできません。

人間が一生をかけて作り上げていく心のあり方が「思いやり」であると思います。

子どもの基本的欲求と欲望のちがい

子育てにとって大切なことは、子どもの基本的欲求は十分に満たしてあげる一方で、欲望には制限があることを教えなければならないことです。

基本的欲求とは、愛情を求める気持ちとか、認められたい気持ちなのです。

欲望というのは、主として物質的欲望とか金銭的欲望です。

物質的欲望は制限する

お菓子がほしい、ジュースがほしい、玩具がほしい——といった物質的欲求に対しては、日時を決めて与え、きちっと制限をする必要があります。

そのときの親の態度としては、態度を変えないで、どうしてもダメだということをわかってもらうことです。もし、子どもの要求がうるさくなって「一つだけよ」などと言って与えてしまいますと、だんだんに要求はしつこくなります。

子どもの物質的な欲望は、それを満たしてしまっている限り、際限なく強くなるものです。この点は、1歳から2歳のときにきちっとけじめをつけておくことが、わがままを防ぐのに役立ちます。

がまんする力を養う

物質的・金銭的な欲望をがまんする力を養うためには、すぐには買ってもらえなくても、がまんすれば目的を達することができる——という見通しを与えることが必要です。

それがないと、「拒否」ということになり、子どもは希望を失ってしまいます。

子どもが自分で解決するのを「待つ」という子育て

子どもには自分で自分の内部の問題を解決する能力があるのです。ですから、「待つ」という子育てを提唱しているのです。

つまり、あれこれとしつけをするようなことは考えずに、じっと見守っていることがよいのです。

急いで問題を解決しようとしますと、かえってこじらせてしまうことが多いのです。

子どもは右に揺れ左に揺れながら発達する

子どもの発達というものは、右に揺れ左に揺れながら上昇していくという発達哲学を明らかにしたのはA・ゲゼルという研究者です。「いたずら」が多い時期があるかと思うと少ない時期がありますし、「けんか」の多い時期があるかと思うと仲よく遊んでいる時期があるなど……。

私はそうした経験のあることを考えて、「待つ」保育を提案しています。「見守りながら待っている」ことが保育者にとってどんなに重要であるかを痛感しています。

子どもはけんかすることで成長する

子どもは友だちと「けんか」をしながら、それを自分の力で処理することによって自発性の発達を実現していきますし、社会性をも発達させていくのです。

ですから、子どもの「けんか」の意味をしっかりと認識してほしいと願っています。

「けんかして仲直り」で友だちづきあいを学ぶ

意欲のある子どもは、けんかをしながら友だちづきあいの仕方を学んでいくのです。

「けんか」をして「仲直り」をする――これを何度もくり返しながら、子どもはだんだんに相手の心を理解し、自分を相手に理解してもらえるようになり、友だちとの信頼関係を作り上げていくのです。

けんかもできない子にしないで

もし、けんかを悪いこととして、それを叱るようなことをすると、自発性の発達は妨げられてしまいます。

そして、けんかさえもできない、意欲の乏しい子どもになっていきます。

年の差が少ないきょうだいはふた子のつもりで育てなさい

年齢の差が少なくて下の子が生まれたときには、私は、ふた子がいると思ってお育てなさい――とおすすめしています。

上の子に対して、赤ちゃんを育てる気持ちで育ててください――とも言っています。

きょうだいを差別していませんか？

お母さんがあまり意識しないで、きょうだいを差別していることがあります。それは、下の子が生まれると、もうお兄（姉）さんになったのだから甘えさせてはいけないという気持ちから、上の子のからだでの甘えを拒否することです。そして、下の子のからだでの甘えはかなり大きくなるまで受け入れてしまっていることです。

それが、上の子にとっては非常に大きな不満になります。ですから、上の子のからだでの甘えは、子どもが求めてきたときにはいつでも受け入れてあげてください。大きくなってからでもかまわないのです。

きょうだいは寄るとさわるとけんかをする

きょうだいは、年齢が低ければ低いほど、そして年齢が近ければ近いほど、よくけんかをするものです。昔から「寄るとさわるとけんかをする」と言われてきましたが、きょうだいは、けんかをくり返しながら、年齢とともにだんだんけんかが少なくなっていくもので、危険がない限り、親は口や手を出さない方がいいのです。

お兄ちゃん・お姉ちゃんの情緒不安定

きょうだいげんかもまた、くり返しながら、仲のよいきょうだいになっていくことが望まれます。それには、第一に、お母さん・お父さんがそれぞれの子どもをかわいがっていることです。どの親からもかわいがられているという確信を持っている子どもの情緒は安定していますから、けんかが少ないものです。

親の愛情が不足していると感じている子どもの情緒は不安定ですから、なにかにつけてけんかをするようになります。とくに年上の子どもが、「お兄ちゃんでしょ、お姉さんでしょ」と言われてがまんをさせられることが多くなります。そうなると情緒が不安定になって、年下の子どもをいじめることが多くなり、それがまたその子どもを叱る原因となりますので、年上の子どもの情緒はますます不安定になっていく例が少なくないのです。

子どもの問題・親の問題

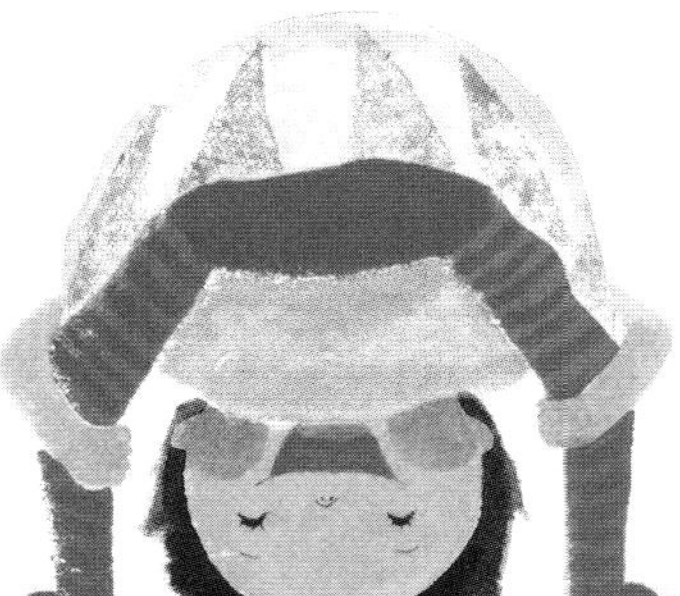

子どもは親や保育者に受容されて輝く

情緒の安定と発達は、親や保育者に「受容」されることによって実現されますが、「受容」とは子どもの立場に立って考え、子どもの気持ちを汲むという意味で、「共感性」に通ずるものです。それゆえに、保育者は一人ひとりの子どもを「受容」するように努力することが大切です。「受容」されることの多い子どもは、「自発性」もまた発達し、「意欲」のさかんな状態を示し、いきいきと遊んでいます。

お母さんが「心の基地」になっていない少年たち

ある地域に非行少年がふえてくると、幼いときのしつけが悪かったからだと主張する大人がいて、保育所の保母さんにもっとしつけを厳重にしろ——などと要求するといった話を聞きますが、とんでもない誤りと言うべきです。

3歳未満、とくに赤ちゃんのときに、からだでの甘え（スキンシップ）が十分に受け入れられなかったために親との間の情緒的な結びつきが十分にできていなかったことが家離れの原因であり、そのような思春期以後の非行集団を作っているのです。

非行の研究者は、錨を下ろす港を持っていないような船にたとえていますが、私はお母さんが「心の基地」になっていない少年たちという表現を使っています。

からだで甘えて悩みを解消

私は、からだでの甘えは、十分に受け入れてあげましょう――という提案をしています。子どもが求めてきたときには、ひざの上にのせてあげたり、添い寝もしてあげようという提案です。それは、子どもの情緒の安定には極めて有効であるからです。

お母さんに対してからだで甘えようとしない子どもがいれば、それは、独立心のある子ども、自発性の育っている子どものように見えますが、内面的には情緒が不安定なのです。その不安定がいろいろな問題行動となって現れてくることもありますが、思春期になって、家出とか非行という形となって現れてくることがあります。

子どもは、悩みごとがあると、お母さんにからだで甘えることによってそれを解消することができるのです。

からだで甘えないのは赤信号

もし、お母さんやお父さんにからだで甘えようとせず、何となしによそよそしい子どもであれば、これまでの情緒的関係が十分でないことのシグナル（赤信号）です。

弟はからだで甘えるのに上の子は甘えようとしないという例が少なくありませんが、それは、上の子に対してしつけをしなければという気持ちが強かったり、「子育て」になれておらず固くなっていたために生じているのです。今からでもおそくありません。スキンシップの機会を多くしてみましょう。一時はベタベタに甘えるかもしれませんが、それだけ過去のスキンシップが少なかったのです。

からだで甘えない子どもには

子どもが全くからだで甘えようとしないという場合には、機会を狙っていて、お母さんの方から、お子さんを抱いてあげましょう。

機会を狙って——というのは、わざとらしくならないようにしよう、という意味です。わざとすれば、子どもはそれを敏感に感じ取るからです。お母さんがその機会を狙っていますと、このときだ、という機会に恵まれますし、お子さんもお母さんに抱かれて感動するでしょう。

お母さんに抱いてもらえた温かさを感じ取った子どもは、それ以後、しつこく抱いてもらいたがります。それを受け入れてあげることをすれば、それまで希薄であった母子間の情緒的な結びつきがしっかりしたものとなり、子どもの情緒は安定します。

スキンシップが苦手なお母さん

お母さん自身が、子どもからからだで甘えられることを好まなかったという人もいます。お母さんの中には、子どもに甘えられると身の毛がよだつ――と言った人さえいます。

そうしたお母さんは、自分が子どもだった頃に、お母さんにもお父さんにもからだで甘えることをしなかったと述べているところから、からだで甘えることの楽しさや温かさを味わっていなかったことが原因になっているわけです。

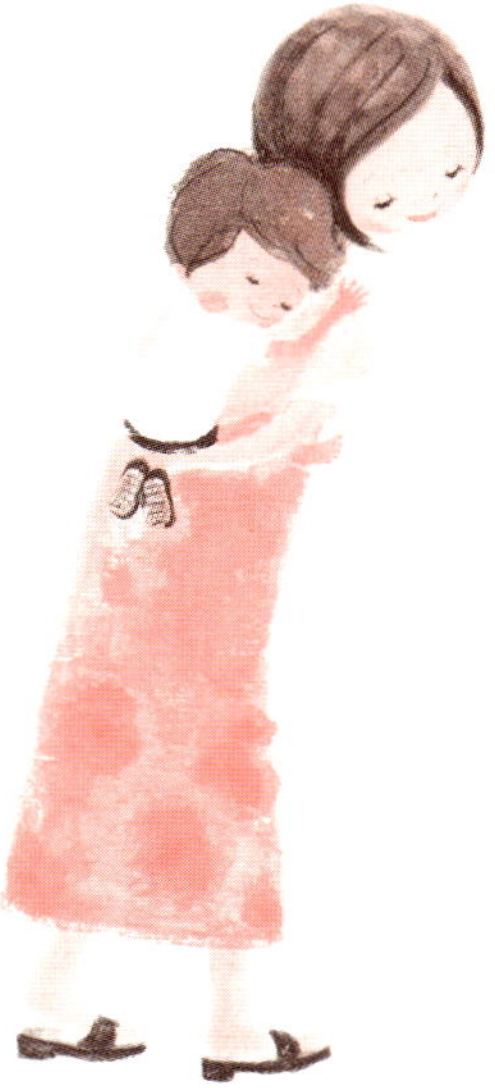

子どもは母親のまなざしから感情を読み取る

私は、子どもたちに温かい心を育むためには、まず母親が慈母になる努力をする必要があると以前から主張しています。

子どもは母親のまなざしから感情を読み取ります。ですから、母親がいらいらしていたり、不安そうにしていたりすれば、子どもはそれを敏感に感じ取り、自分も不安になり、いきいきした活動ができなくなり、人格形成にも影響が及びます。

抱いて子どもの心を温める

お母さんの温かさを感じることができなかった子どもは、心の中に温かさが育ちませんから、人に対するやさしさにも欠けることが多く、いじめ的な行動が現れることにもなります。

ですから、子どもが近づいてきて、お母さんを求めたら、子どもの心を汲んで、抱いて子どもの心を温めてあげてほしいのです。

自発性のある子が「よい子」です

「よい子」とは、「自発性」の順調に発達している子どもであることを、保育者も改めて認識してほしいし、そのことを親たちに向けて言ってほしいと願っています。

後片付けをするのは「よい子」？

親の言う通りに、きちっと後片付けをする子を「よい子」としてほめるわけにはいきません。自発性の順調に発達している子どもは、後片付けを嫌うものです。

親の言う通りに後片付けをよくしてきた子どもが、思春期以後になって神経症になったりしています。

それは、ほめられたことで自分の行動を鋳型にはめ込んでしまい、そこからなかなか抜け出すことができずに苦しむからです。

「すなお」を要求しないで

子どもに対して「すなお」を要求すれば、当然、子どもの自発性（意欲）の発達はとまってしまいます。

気力に乏しい「すなお」な子

お母さんに対して調査したことがあるんですが、自分の子どものよい点と気になる点を書いてもらいますと、よい点としてすなおであることをあげたお母さんは、気になる点として気力に乏しいと書いているんです。つまり、気力に乏しいからすなおだということになるんですね。

親に「すなお」であるより、自分に「すなお」が大事

日本では〝すなお〟というのは、親や先生の言うことを聞くことでしょう。そういう〝すなお〟を私は否定しているんですね。

本当の意味での〝すなお〟というのは、自分の気持ちをありのままに表現できるということで、これは大事なんですね。

お母さんの先回りが子どもをダメにする

社会に適応する能力を発達させるためには、何よりも子どもにいろいろな体験をさせることが必要です。中でも失敗の体験が非常に大きな意味を持ちます。

未経験な子どもが何か新しいことに挑戦する場合、うまくいかないことの方がむしろふつうです。しかし、そのつらさに耐えるという体験をすることが必要なのです。

その点で、子どもに失敗をさせないようにと、先回りして手を貸してしまうお母さんは、この適応の能力を育てることができません。

失敗を責めないで

いずれにしても、子どもにとって「失敗」の経験は非常に大切です。
たくさん「失敗」をすることによって、経験が豊かになるのです。
ただし、「失敗」に対して絶対責めたり叱ったりしないことです。

慕われてこそ

子どもに慕われなければ、しつけはうまくできません。

生活習慣のしつけは急がない

生活習慣のしつけは、決して急がないことです。

しつけを急ぎますと、子どもはそれに従ってくれないので、お母さんとしては叱ることが多くなってしまいます。その結果、お母さんと子どもとの間の情緒的な結びつきにはひびが入ってしまいます。

厳しいしつけをしますと、親の望む通りに言うことを聞くようになる子どもがいますが、それは怒られないためにカッコをつけているに過ぎません。心は冷たくなり、それがあとになって、とくに思春期以後になって爆発する危険性があります。

お母さんは冷たい人

からだでお母さんに甘えることのできないようにしておいて、しつけを急ぐと、子どもはお母さんを冷たい人と思って、いろいろと抵抗を示します。

「○○に怒られるよ」というしつけ方はやめたい

誰かに叱られるからしないといったしつけは、全く外部からの規制、すなわち他律的なものであって、「自発性」にもとづく自律的なものではないわけで、本当のしつけとしては意味のないものと言えましょう。

本当にしつけが成り立つためには、自律性が必要です。自律性とは、自己統制の能力です。つまり、自分で考えて、相手を助けたり喜ばせたりするにはどうしたらよいか、相手を困らせたり、相手に迷惑をかけないようにするにはどうしたらよいかを考えて、自分の行動を規制する能力を育ててこそ、本当の「親切」になるのです。

それには、「○○さんに怒られますよ」とか「笑われますよ」という他人を引き合いに出すしつけは絶対にやめなければならないわけです。

甘えることをしない子ども

厳しいしつけは、親の温かい心にふれないまま成長する子どもを作り出しています。親の温かい心にふれることのできない子どもは、親を慕いません。それは、3歳未満ですでにからだで甘えることをしない子ども姿となって現れます。

ところが、その点を知らないお母さん・お父さんは、独立心のある子どもと思って満足していることがあります。私は、これをにせの独立心の現れと言っています。

子どもは心の奥では、抱っこやおんぶ、さらに添い寝をしてもらいたいと思っているのですが、からだで甘えると、叱られたり拒否されてしまうことを経験しているので、がまんをしているのです。その証拠に、からだで甘えることを許されると、ベタベタに甘えるようになるものです。

子どもは親の後ろ姿を見て育つ

私がしつけの中で大切にしているのは、子どもは親の後ろ姿を見て育つ——と言われているように、親の後ろ姿をよくすることによって、子どもにそれを学習してもらうということです。

家庭でも学校でも、さらに社会の中でも、大人たちがよい行動を取っていれば、子どもはそれを見習っていくものです。

つまり、子どものしつけを考える以前に、大人たちのしつけをまず考えるべきです。大人の方をそのままにして、子どものしつけについて声を大きくしているのは、ナンセンスであると思います。

幼児期は「いじめ」ではなく「いじめ的行動」

いわゆる「いじめ」という行為には、特定の相手をいじめようという〝意志や意図が存在している〟と考えていますが、幼児期にはそういうものはまだないと思います。

ですから私は、幼児の場合は「いじめ」と言うより、「いじめ的行動」と言った方が適切だと主張しています。

「笑い」が子どもの情緒を安定させる

子どもにとっては、何よりも大切なのは、家庭において「笑い」の多い生活を楽しむことです。それが子どもの情緒を安定させるからです。

情緒の不安定は、子どもの心身にさまざまな問題を生じさせます。

「笑い」の多い家庭を作ろう

私は、ユーモアやジョークによって、「笑い」の多い家庭の雰囲気を作ろう——と提案しています。それによって、子どもたちもまじめ人間から救われて、楽しい生活を味わうことができるからです。

それにはお父さんに役割を担ってほしいのですが、武士社会以来男性には「笑い」を軽蔑する伝統が作られてしまったのです。この伝統を打ち破るのはなかなかたいへんです。

しかし、女性であるお母さんにはその伝統がないから、お父さんがどうであっても、子どもを国際人に育てるために、お母さんが笑いの多い雰囲気を家庭の中に作ってほしいのです。それには、子どものおどけ・ふざけをいっしょに楽しむことと、それをいけないこととして圧力を加えないことが大切だと思います。

よく笑う子どもは安心です

笑いの多い家庭の子どもたちは、心もからだも健康で、立派な青年になりますから、将来のことを心配する必要はありません。

子どもの問題行動は「助けて」という赤信号

「意欲」をおさえるようなしつけをしたり、子どもの気持ちを汲まずに、親の考えを子どもに押しつけることによって、子どもにはいろいろな問題が起きてくることもはっきりしてきました。

子どもの問題行動は、親や園の先生たちによって作られた心の傷やしこりを助けてほしいというシグナル（赤信号）なのです。ですから、「悪い子」として叱ったり叩いたりすることは、心の傷口やしこりを大きくしてしまうことになります。

それについてお母さんやお父さんが気づき、おおらかで温かい心でそれらを癒すことによって、問題行動は急速に消えていきます。

親のあり方を考える

夫婦はちがいを認め合い、調和させる努力を

夫婦といっても、それぞれがちがった家族の雰囲気の中で育っていますから、当然、性格が相違しています。

そうした性格の相違を認め合い、また調和させていく努力をすることが、家庭のよい雰囲気を作り出し、子どもの人格に刻々と影響を与えていくのです。

夫婦関係は子どもに強い影響を与える

いずれにせよ、夫婦の関係は、子どもの人格形成に刻々と影響を与えていることだけは、強調しておく必要があります。

お母さんとお父さんとが睦まじく話し合ったり、いっしょに家事をしている姿を見ているだけで子どもの情緒は安定しますし、自分も家事に参加する、つまりお手伝いをする気持ちになるものです。

その逆に、お母さんとお父さんの仲が悪いと、子どもの情緒は不安定になり、子どもの情緒の発達にはゆがみが生じ、いろいろな問題行動を現すようになるのです。

昔「よい子」だったお母さんの問題

私の場合は、子どもの問題について相談に来たお母さん・お父さんを相手にカウンセリングをしているわけですが、だんだんに親しみ合う間柄になりますと、いつの間にか、自分たちの子どもの頃のことを話し合うことが少なくありません。

厳しいしつけを受けたために外面的には「よい子」と評価され、その評価を維持するために子どもらしい活動ができなかったことに初めて気づくお母さんがいます。そうしたお母さんは、過去に自分が受けた「よい子」という評価にまつわるイメージが頭にこびりついていて、それが子どもを苦しめていたことに気づくのです。そして、子どもを「よい子」にしようと焦っていたことが、子どもを問題児にしてしまったことを初めて理解できたのです。

また、自分を育てた母親が世間から「よい人」と見られ、自分もそう思っていたのだけれども、それが形式の上のことであって、心の奥はちがっていたことが見えてくるようになったお母さんもいます。そして、自分の母親を尊敬し、母親と同じように「子育て」をしてきたことが誤りであったことに気づくお母さんもいます。

そうしたことに気づき始めますと、自分の心が見えてくるようになり、その結果、子どもに対する対応の仕方が変わってくるのです。それとともに、子どもの問題行動が消えるのです。

叱られて育った親は子どもをよく叱る

私たちは、今、親を育てた親の研究を始めていますが、叱ることの少ない親に育てられて親になった者は子どもを叱ることが少ないのですが、叱ることの多かった親に育てられて親になった者は、同じように、あるいはそれ以上に強く子どもを叱ってしまうのですね。

自分がされたいやな育て方をしないために

われわれの研究では、子どもの頃の親の養育態度が、その子どもが親になったときの子育てに現れてくることがわかっています。ですから、親を批判することの大切さを、私は強調しています。親が自分にしてくれたいやな育て方を、自分の子どもにしないようにするためです。

自分の親の過ちをくり返さない

自分を育ててくれた親をきちっと批判し、親がした過ちをくり返さないように努力しているお母さんは、叱られることが多かったにもかかわらず、自分の子どもにはおおらかに接していることがわかりました。

親を批判することは、親不孝のように思えますが、自分の子どもをよく育てるためには、非常に重要な意味を持っています。

それは、親といえども決して完全な人格の持ち主ではないからです。むしろ、ずいぶん不完全な人間が親になっていると言った方がよいでしょう。

子どもに信頼される親になる

子どもから信頼される親になるためには、親自身が自分の言ったことを守ることです。

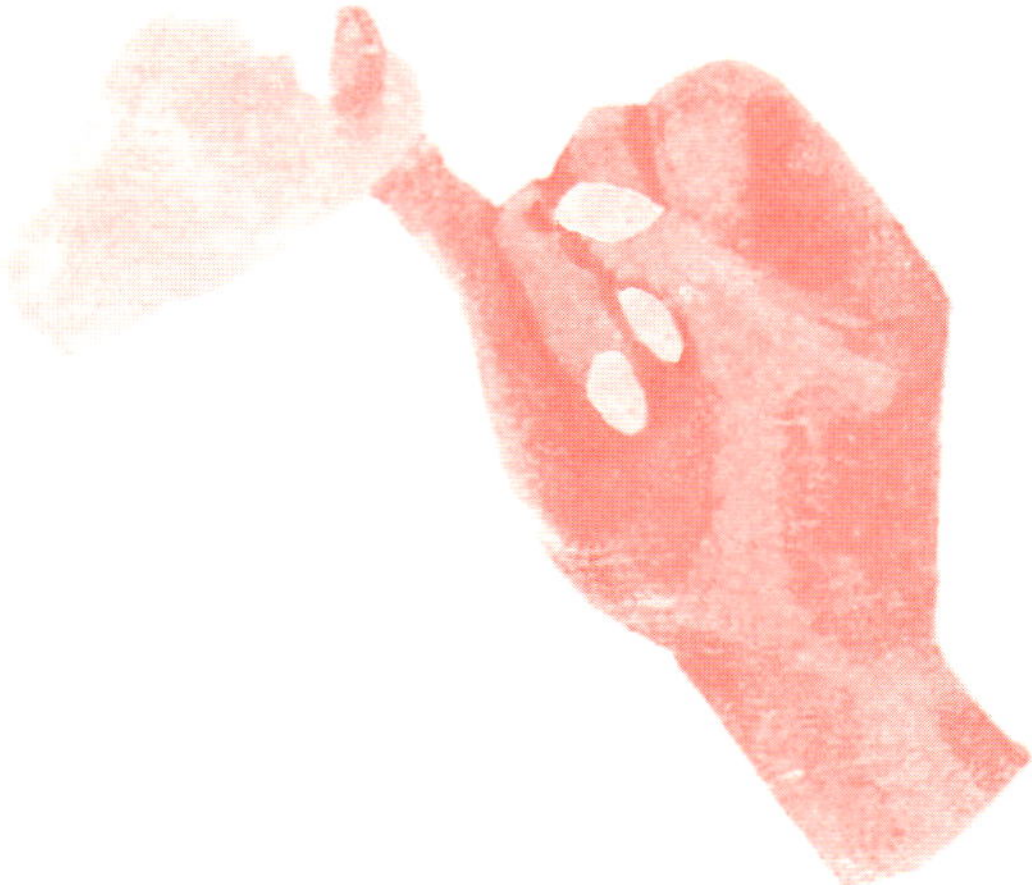

子どもを信頼すれば、子どもは必ず応えてくれる

子どもを信頼すれば、子どもは必ずそれに応えてくれます。

そうなると、お母さんはますます子どもを信頼する気持ちになるでしょう。

それによって、母子の心のきずなは、しっかりと結びつきます。

子どもは親の鏡

子どもは親の鏡――と言われているように、親の誤った育て方が子どもの行動に映し出されているのです。

未熟な人格の持ち主が親になったのですから、育て方に誤りが生じるのもやむを得ません。

それゆえ、子どもに何らかの問題が起きたときには、子どもを非難せずに、自分の人格や育て方を反省することから始めて、育て方の誤りをただすことです。

子どもに「ごめんなさい」が言えますか？

すなおな気持ちを持っているお母さん・お父さんは、子どもに対してごめんなさいが言えます。それは、親といえどもいろいろと子どもに対して誤りを犯したり、落ち度があるからです。決して立派な人格の持ち主が子育てをしているわけではないので、ごめんなさいを言うことが多くなるでしょう。

ごめんなさいが言えるということは、謙虚な人格の持ち主であるからです。謙虚であることは、人格が立派であることになります。それに対して、ごめんなさいが言えず、いばることは、人格の低さを現していることになります。

ですから、すなおに、子どもに対してごめんなさいと言える親になってほしいのです。そうした親たちに対して、子どももすなおになります。

三尺の童子を拝す

未熟な人格の親が子どもを育てているわけですから、親の言うことにはすなおに従いなさい——などとおこがましいことは言えませんし、それを言えば傲慢ということになるでしょう。

傲慢は、人格の未熟さを示しているわけで、親たちは、子どもの前で謙虚でなければならないのです。

その点で、私は「三尺の童子を拝す」という禅の言葉を座右の銘にしています。幼い子どもを拝むような気持ちを持ちなさい——という意味であると考えています。

子どもは成長する力を持っている

無事に成長する子どもたちは、それぞれの中に成長する力を持っているのであって、親たちはそれを援助しているに過ぎないのです。

もし、育ててやっているのだ——という気持ちがお母さん・お父さんにあれば、それは傲慢と言うべきでしょう。

よいお父さん

子どもにとってよいお父さんとは、よく遊んでくれるお父さんです。

お父さんの遊び

お父さんが子ども好きで、子どもとよく遊んでいる場合には、子どもの表情も明るく、3歳を過ぎて幼稚園に通う年齢になりますと、友だちとも積極的に遊びます。

とくに、お母さんと子どもの間では経験できないようなお父さんの遊びがありますので、そうした遊びをお父さんとともにすることは、男の子の場合には非常に大切な意味を持っています。

よく遊んでくれるお父さんを子どもは慕う

子どもたちは、自分が親しさをこめて呼んでいる「お父さん」に、もっと相手をしてほしいと思っています。

子どもから慕われるのは、何と言っても、よく遊んでくれるお父さんなのです。そして、慕われる親であることが子育ての基本なのです。

父親と子どもが楽しそうに遊んでいる姿を見ている母親の心もまた、なごみます。その間に、せっせとたまっていた家事を片付けることもできるでしょう。

子どもは、お母さん・お父さんが協力しあって育てていくものなのです。

慕われる父親になりましょう

父子関係も、子どもに慕われるお父さんであって、初めて成立します。

子どもに慕われるためには、しつけをする心を捨て、子どもと楽しく遊ぶ心が必要です。しつけが優先すると、どうしても子どもを叱ることが多くなります。叱るお父さんを子どもは敬遠します。

まず、子どもから「お父さん、お父さん」と慕われる父親になりましょう。

具体的に子どもと関わる

子育ては、具体的に子どもと関わることの積み重ねです。「お父さんはお前のために一生懸命働いているのだ」といくら言って聞かせても、子どもの心には届きません。

抱っこに始まり、お風呂に入れたり、お馬さんごっこをしたり、くすぐりっこをしたり、キャッチボールをしたりという具体的なふれあいの中で、子どもはお父さんの愛情を感じ取り、お父さんのいいイメージを心に刻み込んでいくのです。

幼児期の遊びが思春期の父子対立を防ぐ

子どもとよく遊ぶお父さんと子どもとの情緒的な結びつきは、その後の父子関係の基盤を作り上げ、子どもが思春期の第二反抗期になったときに、父子間の対立を少なくするのに大いに役立つのです。

思春期は自我に目覚めるときですから、情緒的な結びつきができていないと、父と子どもは激しい対立関係になります。

その意味で、家庭内暴力の原因は、乳幼児期の父子関係にあることが少なくないのです。

子どもを本当にかわいがるということは……

子どもを本当にかわいがるということは、子どもに「自由」を与えて、子どもが自分の力で伸びていく姿を見守ってあげることで、子どもがいきいきと生活していれば、それに満足しているお父さんであってほしいと、私は願っています。

ところが、子どもをかわいがりながら、お父さんが考えているような子どもにしたいと思って、あれこれと子どもに注文を出し、がんじがらめにしてしまうことがあり、それが子どもに苦しい思いをさせているのです。

権威ある父親

相手の話をよく聞くこと、そして、相手の立場に立って考え、相手の気持ちを汲んでこそ、権威のある父親と言えるのです。

そして、それが新しい父親像だと思います。

「孫と遊ぶ」のが一番の子育て支援

おばあちゃん・おじいちゃんが若い両親の子育てを援助するための一番いい方法は、孫と楽しく遊ぶことです。

孫の相手をして遊んでいる間、お母さんは家事や自分のしたいことができますから、それが大きな援助になるのです。

嫁の子育てに口を出さない

おばあちゃん・おじいちゃんに心がけてほしいことは、若い両親の子育てに、できるだけ口を出さないように努力することです。とくに、嫁であるお母さんの子育てについて気になることがあったとしても、それを言いますと、どうしても非難と受け取られてしまいます。

そうしますと、おばあちゃん・おじいちゃんとお母さんの間に不満な心が残り、それが子どもにも影響することになります。

物やお金で孫を釣らないで

とかく年寄りは、物質や金銭でもって孫を釣ることが多く、それによって「おじいちゃん、おじいちゃん」と慕っているように見えますが、物を与えなくなると、寄りつかないようになったという例を、これまでたくさん経験してきました。

物質を与えることは、愛情の代行にはならないばかりか、物欲の強い子どもにしてしまいます。

母と子の関係を最優先に

子どもをおばあちゃんに預けるというのは、これはやっぱりいろいろトラブルが起きる。

私のところでは、長男夫婦が共働きですから、3歳までは家内が日中だけ孫のめんどうを見て、夜はお母さんのところへ返すという方針で通しました。泊まりたいって言っても絶対泊めなかったです。というのは、お母さんの方に、自分が家にいる間は自分と子どもとの関係をしっかりつけたいという気持ちがあったから。

やっぱり母と子の関係が大切なんです。ですから、おばあちゃんに子どもの責任をおわせちゃったらアウトです。

「意欲」と「思いやり」を育てれば立派な青年になる

私の50年に及ぶ子ども研究の結論は、「意欲」と「思いやり」を育てれば立派な人格の青年になる――ということです。

2章

からだでの甘えを受け入れて、心をしっかり結びつけましょう

0歳から3歳までの子どものお母さんへ

０歳から3歳頃までの幼児は、すべてをお母さんに頼って生きています

この時期に最も大切なこととして、平井さんは何よりも母と子の心をしっかり結びつけることをあげています。

そのためには、からだで甘えてくる幼児を受け入れて、親子でスキンシップを楽しむことです。

お母さんといっしょにいて楽しかったという思いが、子どもの「心の基地」になり、子どもの心をしっかりと支えてくれます。

子どもの姿と親の対応

一人遊びと親子遊びをバランスよく

子育てで大切なことは、親子間の情緒的な関係をしっかりとつけながら子どもの自発性（意欲）の発達を援助することです。

一人遊びを例にとって言いますと、赤ちゃんが一人遊びに飽きて、お母さんに抱っこをしてもらいたがったり、あやしてもらいたがったりするときには、十分に相手をしてあげる（親子間の情緒的な関係をつける）ことです。それに飽きると赤ちゃんはまた一人遊びを始めます。そのときにはそれを妨げないようにして、十分に一人遊びを楽しませる（自発性の発達を援助する）ことです。

こうしたバランスのとれた育児によって、情緒の安定した、しかも自発性のある子どもに育っていきます。

天使のほほ笑み

二カ月前後になりますと、「ほほ笑み」が増しますので、いろいろな声で赤ちゃんを「あやす」ことが大切です。

それに反応して笑ってくれる赤ちゃんの顔はすばらしく、天使とも言えるでしょう。クークと声を立ててお話をしてくれるかもしれません。

こうした刺激が人間関係を積極的に作り上げる気持ちを育て、後々の言葉の発達に影響します。

いとおしく思う心が赤ちゃんの心を育てる

抱いたり、言葉をかけたりする1対1の対応の中で、赤ちゃんも母親を慕うようになり、母親も赤ちゃんをいとおしく思う――そうした二人の関係が発展することが、子どものその後の人格形成に大切なことなのです。

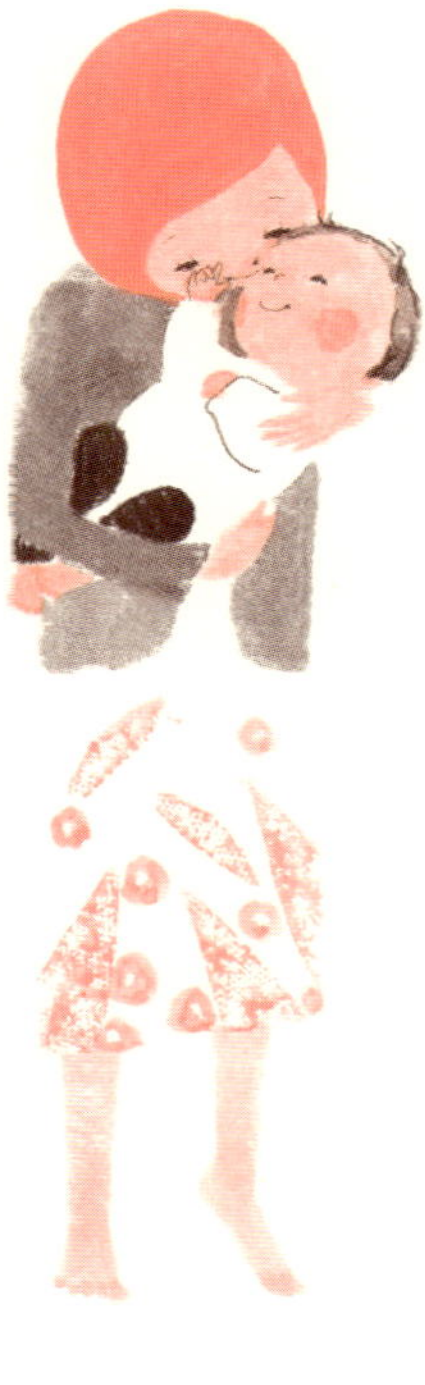

親子の心の結びつきは人間関係の基礎

親子の情緒的な結びつきは、成長するにつれていろいろな人たちとつきあうようになってからの人間関係の基礎を作っているのです。ですから、青年になるまでの見通しの中で考えるならば、赤ちゃんのときに、お母さんもお父さんも、赤ちゃんと自分との情緒的な結びつきを十分にしておくことが大切です。

それにはよくあやすことが第一です。それがお母さんにとってもお父さんにとっても楽しい――という情緒が、赤ちゃんに伝わっていくのです。

泣く――最も大切な赤ちゃんの自己表現

最も大切な赤ちゃんの自発性の表れは、泣くということです。

赤ちゃんが泣くのは、不快感の表明です。お腹が空いたとき、眠くなったとき、どこかに痛みや痒みのあるとき、さらにはお相手をしてもらいたいときなど、赤ちゃんは泣きます。泣いて、自分の要求をお母さんやお父さんに訴えているのです。自己主張をしているのです。ですから、この主張を汲んで、不快感を取り除いてあげることが何よりも必要です。

おとなしい赤ちゃんは「よい子」？

もし、赤ちゃんが泣いても放り出しておいたならば、どのような赤ちゃんになるのでしょうか。

赤ちゃんはだんだん泣かないようになります。そうなると、おとなしい「よい子」のように思ってしまうお母さんが現れます。それは、お母さんにとって世話の焼けない子どもだからです。世話が焼けないというのは、お母さんの身勝手な心と結びついています。

おとなしい赤ちゃんは、自発性にもとづく自己主張のできない状態に追い込まれてしまっているのです。

サイレントベビーにしないで

生後六カ月は、親子関係、とくに母子間の情緒的な関係の基盤を作っている時期と言えましょう。

もし、泣いても相手にされず、ほほ笑んでもあやしてもらえず、抱いてもらえないという状況におかれますと、赤ちゃんの情緒の発達はとまってしまいます。泣くことの少ない赤ちゃんになります。

おとなしい赤ちゃんのように見えますが、泣いて不快感を訴えることをあきらめてしまった姿なのです。ほほ笑みも減ってきますから、無表情になってきます。さらに、赤ちゃん言葉も減ってきて、その後の言葉の発達もおくれてしまいます。

「人見知り」はお母さんへの信頼のあかし

お母さんやお父さんとの間に情緒的な結びつきができているかどうかは、生後6カ月から9カ月の間に「人見知り」が現れるかどうかによって判断することができます。

「人見知り」とは見慣れぬ人に恐れを感じ、見慣れているお母さんにしがみつく状態で、それは、お母さんを信頼しているからです。

「人見知り」をしない赤ちゃん

もし「人見知り」が現れないようでしたら、どのように考えたらよいでしょうか。

それは、親子間の、とくに母子間の情緒的な結びつきができていない証拠です。つまり、赤ちゃんはお母さんを慕っておらず、お母さんに対する信頼感が乏しいのです。その結果、自分を抱いてくれる人であれば誰であってもよいという気持ちになって、見慣れぬ人が手を差し伸べると、抱かれてしまいます。

この状態は、それまでの母子関係が希薄であったことの現れで、お母さんがあやしたり抱いたりすることが少なかったことを意味します。

「人見知り」のない子どもを、独立心があるとか社交的だ――などと考えることは大きな誤りであって、このまま大きくなれば、情緒の欠損した状態になりかねません。

「人見知り」をしない赤ちゃんがいたら、私は、お母さんに対しては、もっとあやしたり抱いたりしてあげてください——とお願いしていま す。その意味を理解して、あやしたり抱いたりしているうちに赤ちゃんがかわいく思えるようになったお母さんに対して、赤ちゃんはからだで甘えるようになり、それにともなって「人見知り」が現れ、だんだん強くなります。

「後追い」は母子の心が結びついているから

母子間の心の結びつきができていますと、1歳から2歳にかけて、何か不安があると、お母さんの後追いをするようになります。

そのような状態が認められたときには、スキンシップを十分に実現することが必要になります。それによって後追いはだんだんに減少して、3歳から4歳の間に友だちと遊ぶことを楽しむようになります。

「後追い」をしない子はナゼ？

後追いは、お母さんと子どもとの情緒的な結びつきがきちっとできている証拠で、お母さんの姿が見えなくても平気だ——という子どもがいれば、決して独立心のある子どもと考えてはいけません。むしろ、お母さんと子どもの心の結びつきができていないのではないかと考えて、これまでの育て方について考え直してみる必要があります。

「かわいがる」対「叱る」――どちらが有効か？

これは保育研究者の本吉圓子《まとこ》さんの実践例ですが、本吉さんの保育園に、かみつく癖のある1歳児が入ってきたのです。「どうしようか」と職員会議をやっているところへ、別の保育園から「かみつく子が入ってきて、困っている」という電話があったのです。

そこで本吉さんは「あなたの園は徹底的にかわいがってみてください。こちらの方は叱ってみます」と言って、片方の園ではかわいがる、片方の園では叱る、という、反対の方法をとってみたのです。

そうしたら、しばらくして、かわいがった方の園から、「かみつきがとまりました」と知らせてきたのです。本吉さんの園では、いくら叱っても、かみつきはとまらなかったのです。そこで、かわいがるように方法を変えたら、かみつきはとまった、ということです。

子どもの困った行動に対して、叱ってやめさせようとすることが、いかに無効であるかをはっきりと示したものと言うことができるでしょう。

子どもは受け入れられ、かわいがられることで、自発的に行動を変えていくのです。

「よい子」はからだで甘える

3歳になるまでは、お母さんにからだで甘えること、つまり、抱っこやおんぶや添い寝を要求する子どもが「よい子」ですし、それを受け入れてあげることのできるお母さんが「よいお母さん」です。

つまり、お母さんにからだで甘えることのできる子どもは、情緒が安定しており、お母さんを心の基地にしていますから、思春期以後になって家出をしたり、非行に走ることはありません。

非行に走る子どもは、心に基地を持っていないのです。

それは、3歳になるまでに、さまざまな理由から、お母さんとの間にスキンシップが実現できず、その後においてもその機会がなかったからです。

甘えない子は心配です

3歳未満の子どもが母親に対してからだで甘えないのは、母子間の情緒的な結びつきができていないことを意味します。

そのような子どもの情緒の発達はおくれ、冷たい心の持ち主になります。

いたずらはよい行動

からだの移動ができるようになった赤ちゃんにとっては、自分の周囲にあるものはすべて初めて手にしたものですから、その本態がどうなっているのだろうか、何が入っているのだろうか、食べられるだろうか――とあれこれ研究しているのが「いたずら」です。それゆえに、児童心理学では「探索行動にもとづく行動（探索行動）」と名づけて「いたずら」の重要性を指摘しているのです。

「いたずら」は自発性のある「よい子」の姿ですから、絶対に叱ったり叩いたりするような「悪い」ことではないのです。悪い行動であれば叱る必要がありますが、「よい行動」ですから、「いたずら」は大いに許容してあげたいわけです。

いたずらは研究心のあらわれ

どの種類の「いたずら」も、1カ月か2カ月でやらなくなります。

私はこれを「卒業」という表現を用いて説明しています。好奇心が満たされますと、探索の対象にはならなくなってしまうからです。それまで「待っている」という寛容さがあれば、子どもの研究心は育っていることになるのです。

もし「いたずら」は悪い子のすることとして、禁止をくり返していれば、子どもの好奇心は乏しくなり、「いたずら」をしない、言うことをよく聞く子どもになりますが、親に言われたことしかしないという子どもになり、小学校に入ってからも、学習意欲に乏しく、研究心も発達しませんから、自分で学習しなさいと言われたときには（自学）、ぼやっとしているばかりでしょう。

「いたずら」を禁止すると無気力に

「いたずら」を叱られると、好奇心は抑圧され、自発性の発達もとまってしまいます。自発性とは、自分で考えて遊びを見つけ、他人に頼らずに遊びを展開する力であり、この力の発達がとまると、第一に無気力となります。

この無気力は、幼児では「おとなしい」という行動になって現れることが多いのに、親や教師は、おとなしい子どもを「よい子」と評価してほめることが少なくありません。それは大人にとっては扱いやすく、手がかからないからであって、このような評価は全く大人の身勝手から生じたものと言うべきです。

いたずらされて困ったら、気持ちを伝える

「いたずら」は子どもにとって好奇心・探索心の現れですし、「いたずら」をしているときの子どもの気持ちは、楽しさでいっぱいになっているのです。その楽しさを汲むことのできるお母さん・お父さんは、「いたずら」そのことに対して怒る気持ちにはなれないものです。

しかし、「いたずら」をされて困っている人のいることは、子どもに伝えなければなりません。「困ってしまっているんだよ」と、自分の気持ちを率直に子どもに伝えることが必要です。

それによって、子どもは、自分のした「いたずら」が、お母さん・お父さんを困らせていることを知り、すまなかったという気持ちになり、これからはそのことでお母さん・お父さんを困らせないようにしようと思い始めます。

これは、すでに1歳代から始まっているのです。これが、自己統制の

能力と呼んでいるものですが、「思いやり」を基盤としてこの能力が発達することが大切です。

子どもには3回の反抗期がある

子どもが発達を終えて落ち着いた青年になるまでに、3回の反抗期があることを知っているでしょうか。このことを知らないお母さん・お父さんは、子どもに反抗されると、「悪い子だ」と言って叱りつけています。そして、子どもの自発性の発達を抑圧してしまっています。

自発性の順調に発達している子どもの多くに、その期間の長短はあっても、また、強い弱いはあっても、必ず反抗期が現れるものです。

第一反抗期は2歳頃から始まる

第一反抗期は2歳前後から3歳にかけて現れます。

お母さんが命令調で「これを食べなさい！」とか「おしっこへ行きましょう」などと言いますと、「イヤ！」と答えることが多くなります。また、着替えなどを手伝おうとしたり、食べさせようとしたりして、子どもに手を貸そうとすると、「自分でする！」と言ってその手を払いのけます。

しかも、それが子どもの力では無理だと思えるようなことでも、「自分でする！」とがんばるので、反抗期についての理解のないお母さんの目には、強情な子とかわがままな子のように映り、叱ったり叩いたりすることになるでしょう。

しかし、自発性の順調に発達している「よい子」の姿です。決して叱ってはなりません。

子どもが反抗したら、「そう、自分でやりたいのね」と言って、子どもにまかせておきます。

第一反抗期——親はどう扱えばいいのか?

「第一反抗期」の現象が現れるということは、自発性が順調に発達していることを意味しています。つまり、「よい子」なのです。

従って、養育にあたっては、昔から「のれんに腕押し」と言われているように、反抗行動に対しては、聞きながすことが望ましく、さらには、例えば「自分でやる!」と主張したときには、しばらく子どもに「まかせる」ことが必要です。

ついに、自分の力ではそれができないことがわかると、「やって!」と言って援助を求めるでしょう。そのときに、「ほらごらん」などと責めるような言葉を言わずに、子どもを援助しながら、「この次に、またやってごらん」と、困難に挑戦する意欲を育てる必要があります。

第一反抗期がない方が心配

第一反抗期が現れない――という子どもがいます。

その原因の第一は、自発性の発達がおくれていることにありますが、多くの場合、1歳代において「いたずら」を禁止され、おとなしい子どもにされてしまったからです。

3歳未満の子どもは、いつも動き回っていて、落ちつきがないように見えますが、意欲がさかんなために、活動への衝動が強いのです。それにくらべて、おとなしい子どもは、すでに無気力になっていると言ってもよいでしょう。行儀はよい子どもかもしれませんが、それはお母さんやお父さんのしつけによって、誤った「よい子」の鋳型にはめられて、身動きができない状態なのです。

一日も早く、「いたずら」のできる子ども、反抗する子どもに変えるために、育て方を改める必要があります。

9
8
7
6
5

3章

子どもの力を信頼して「まかせる」ことが最高の教育です

3歳から6歳までの子どものお母さんへ

「何でもイヤ！」の第一反抗期を過ぎて、自立への第一歩を歩き始めました。

でも、まだまだ甘えたい年頃です。

この時期に十分に甘えた子は、成長につれて、無理なく自然に自立していきます。

からだでの甘えが満たされて、情緒が安定している子どもは、生まれながらに持っている「成長する力」を発揮して、自分の力で成長していきます。

平井さんは、この力を信頼して子どもに「まかせる」ことが最高、と言っています。

子どもの成長に応じて、できるだけ「まかせる」ことを多くしていくといいでしょうね。

子どもの姿と親の対応

お母さんという「心の基地」

入園当初お母さんから離れにくかった子どもの方が、園になれてきますと、どんどんと遊びを展開していくようになるもので、それは、お母さんが子どもの「心の基地」になっているからです。

子どもの心にお母さんという基地があることは、情緒が安定していることです。情緒が安定していることは、自発性（意欲、独立心）の発達には非常に役立つのです。

子どもに自由を与えて自発性（意欲）を育てる

自発性の発達にとって絶対に必要なことは、子どもに「自由」を与えることです。

「自由」は放任とは全くちがい、子どもに「まかせて」、責任の能力をも育てることですから、もっともむずかしい教育と言えましょう。子どものすることに対して干渉せず（口を出さず）、保護を少なくしていく（手を貸すことを少なくしていく）ことですが、それによって子どもがどのように発達していくかを見つめていることは絶対に必要です。

そうして見つめているお母さんは、子ども自身で自分の問題を解決するものであることに気づきます。

それだけの力を、子どもは持っているのです。

子どもにいきいきと生きる力を

「意欲」とは、いきいきと生きる力です。絶えず好奇心に満ちて、いろいろな遊びや企てに挑戦する子ども。つまり「意欲」はその人の生涯を支えます。この「意欲」は自発性が育つことによってさかんになります。

自発性の発達は、「自由」を与えることによって実現されます。それゆえ、親たちはいかに子どもに「自由」をプレゼントするかを考える必要があります。

その点で、知的発達を目指しての早期教育は、子どもから「自由」を奪うものでしかありません。

意欲のある子は友だちを求める

自発性が順調に発達した子どもは3歳から4歳頃になると、積極的に友だちを求める気持ちが強くなり、友だちといっしょに遊ぶことを楽しむようになります。

その現れは早い子も遅い子もいますが、友だちを求める気持ちが強く現れてくれば、意欲が順調に発達していて、情緒も安定している子と考えてよく、これまでの子育てはよかった、と自信を持ってよいでしょう。

もし、友だちを求める気持ちが少なく、同じ年頃の子どもがいても遊ぼうとしないという場合には、両親でこれまでの子育てについて、いろいろな角度から検討してみなければなりません。

その際に二つの大きな柱があります。一つは自発性（意欲）の発達を抑圧するような育て方をしてこなかったかどうか、もう一つは親子間の情緒的な結びつきが不足していたのではないか、です。

友だち作りの能力を育てておくとあとが楽

3歳から4歳の間に、友だち作りの能力を育てておくと、社会性が発達しますから、あとが楽です。

友だちと遊ぶ子の発達は順調です

自発性（意欲）の発達という点で、4、5歳児以降の子どもの場合には、友だちとの遊びを楽しんでいるかどうか、という点を見てほしいと思います。

友だちといきいきと遊び、「いたずら」を楽しんでいれば、自発性（意欲）の発達は順調と安心していいでしょう。

子どもは友だちの中で育つ

子どもは、親や大人たちだけの中では、十分に育つことができません。

子どもは子どもたちの中で、遊びを通して、思いやり、自発性、適応能力といった大切な能力を発達させていくのです。

けんかをすることで社会性が発達する

友だちとの遊びがさかんになりますと、必ず「けんか」が多くなり、泣いたり、泣かせたりするでしょう。それによって、家庭生活では得られない貴重な経験をしているのです。

ですから、よい幼稚園の先生方は、子どもに「けんか」をまかせ、口を出さないようにしています。それによって「けんか」を自分の力で処理する能力が育っていくからです。

これが「社会性」の発達の大切な柱です。

けんかができる子が「よい子」です

幼児期というのは、とくにいろいろな体験をすることが必要で、中でも大切なことの一つに、「けんか」ができる子になれるかどうかということがあります。

「けんか」ができるということは、自己主張ができるということで、自発性が順調に発達していることを意味します。

自発性（意欲）が発達しないとけんかもできない

けんかのできる子どもが「よい子」――と聞いて驚く人がいるかもしれませんが、それは、近頃は、けんかさえもできない子どもがふえているからであり、それは自発性の発達のおくれている子どもに多いからです。

自発性とは、自分で遊びを考え出し、その考えにそって遊びを展開する力です。自分で考え出した遊びに相手が従わず、相手が要求を主張して譲らないときにけんかになるのであって、4、5歳からそのようなけんかが多くなります。

子どもの心にユーモアを育てる

幼稚園などで友だちにからかわれたときに、すぐ泣く子どもと、からかわれたことをからかった友だちといっしょに楽しんでいる子どもがいることが、われわれの研究でわかりました。楽しんでいる子どもは、自発性が順調に発達していますし、おどけたりふざけたりして自分のつらさを克服することができる子どもです。これからの人生において、困難があっても、それをユーモアでもって解決し、人生を前向きに送る力を養っていると言えましょう。そのような子どもの家庭には、おどけたりふざけたりして明るく生活しているお父さんやお母さんがいることがわかりました。おじいさんやおばあさんである例もあります。

いつも、前向きな人生を送りたいものです。それには、子どもの失敗の体験を大切にするお母さん・お父さんになるように努力してほしいのです。

子どもの問題・親の問題

子どもに「まかせる」ことは放任とは全くちがいます

「まかせる」ということは、ほんとうにむずかしいことですね。

子どもにまかせてみましょう――と私が提案しますと、放っとけばいいんですね――という答えが返ってくることが非常に多いんですが、放っておく、つまり放任は絶対にしてはいけないんです。

「まかせる」ということは、子どものしていることを見守りながら、口を出さない、手を貸さないという態度を取ることなんです。

親は子どもをいじり回し過ぎている

それにしても、私たち親は、子どもをいじり回し過ぎていると思います。

子どもによかれと思ってしていることであっても、それが親の見栄や競争心と結びついていないかどうかは、静かに自分の心を見つめていればはっきりとしてくるでしょう。つまり、親の自分本位で穢《けが》れた心がひそんでいるのです。

お前の為、つまり人の為と言っても、それを合わせた文字にしてみれば「偽」になる――と誰かが言っていましたが、なかなか味わいのある話だと思います。

子どもの話をよく聞いてあげないと不満がたまる

親を困らせるような子どもの行動の多くは、それ以前の子育てに誤りがあることから生じているのです。

大人の話の中に割り込んでくる子どもの原因は、それまでの生活の中で、子どもとの間に会話が少ないことによるのです。つまり、子どもがお母さんやお父さんに聞いてもらいたいことがあっても、ゆっくりと十分に聞いてもらえなかったという不満が、子どもの心に溜まっているからです。

無口と無表情は赤信号

子どもの話をうるさがるようなお母さん・お父さんには、おしゃべりをしなくなります。おしゃべりをしない子どもの場合には、これまでお母さん・お父さんに拒否的な態度が多くあったのではないかと考えてみる必要があります。

さらに、表情が乏しく、笑うことの少ない子どもの場合には、情緒が閉塞している危険性があります。

つまり、無口と無表情は、シグナル（赤信号）であって、そのままにしておくと思春期以後になって、「情緒欠損症」と診断されるような子どもになる恐れさえあるのです。

園は友だちと遊ぶところです

不登校児の多くが、仲のよい友だちを持っていません。孤独です。どのようにして友だちとつきあったらよいのかわからない――という子どもさえいます。自殺をする子どもたちにも、過去に孤独であったことが目につきます。

友だち作りの能力は、自発性が順調に発達している子どもであれば、3歳から4歳の間に、積極的に友だちを求める気持ちが現れてくることから始まります。その意味で、幼稚園や保育所には大きな役割があります。

子どもがいきいきと遊んでいる園はよい園

私はいろいろな園によく出かけますが、子どもたちがいきいきと遊んでいる園はよい園だと評価しますし、きちっと先生の言うことに従って動いている子どもたちの多い園に対しては、自発性の発達に圧力を加えているという評価をします。

ところがお母さんの中には、きちんとしつけをしてほしい、文字や数を教えてほしいなどと要求する人が少なくないので、私は困っているのです。

子どもの人格形成の中で、自発性は非常に大切ですし、その発達にともなって意欲のさかんな子どもになるからです。

遊びは生活、遊びは学習

「遊び」は、子どもの生活であり、学習であります。それゆえに、子どもには十分に「遊び」の楽しさを味わってもらうことが何よりも大切です。

その点で、幼児に何かを教え込まなければならないという考え方は、大きな誤りです。

遊びを大事にしている園に入れなさい

私がお母さん方に言いたいのは、よく見ていてね、子どもの遊びを大事にしている園に入れなさいっていうこと。

けがは子どもの勲章

　子どもがちょっとけがをしたときに、大騒ぎをするお母さんがいますが、それは、けがを恐れる子どもを作り出し、危険に「挑戦」する「意欲」を失わせてしまいます。実は、安全教育というのは冒険教育を通じて実現しなければならない——というのは20年来の私の主張です。誤った安全教育が、かえって子どもに事故を起こさせていることが、研究によってわかったからです。つまり、小さなけがをしながら成長していくことが、子どもの人格形成には重要な意味を持っているのです。

いじめの実態――自分のストレスを弱者に向けて発散

今、子どもの社会でいじめが深刻な問題になっていますが、子どもが親から十分に受け入れられ、愛されていれば、いじめは絶対に起きません。

幼児期に親から十分に受け入れられないまま、「思いやり」や共感性を育てられてこなかった子どもたちが、からだを使う活動的な遊びを奪われて溜まったストレスを弱者に向けて発散している――これがいじめの実態です。

いじめる子を叱っても問題は解決しない

いじめる子というのは、必ず、心に淋しさや満たされない思いを持っている存在なのです。

ですから、叱ることで問題を解決することは不可能なのです。

心配なことは幼児のうちに直しておく

子どもという存在は、幸いなことに、子どもの人格にゆがみが生じていても、お母さん・お父さんが適切な「子育て」の道を歩む努力を始めますと、人格形成も軌道に乗ってきます。4歳から6歳までですと、3カ月から6カ月もあれば、さらに1年の期間があれば軌道に乗り始めます。そうなれば「子育て」も楽しくなるものです。

おわりに

子育てには、親に確かな方針のあることが求められます。そして、その方針が、子どもの人間としての多面的な発達を促すものであることが必要です。

考えてみると、これはなかなかむずかしいことです。

親は子育ての勉強をしてから親になるわけではありません。子どもができて初めて、「自分も親になったんだ。しっかりしなくては」と、親としての自覚が生まれるというのが普通です。そして、目の前の子どものこまごました世話に追われて、確たる方針のないまま、あわただしい日々を過ごしていることが多いのではないでしょうか。

そんなとき、「まずはスキンシップで母と子の心をしっかり結びつけなさい。そのうえで意欲と思いやりを育てなさい」という平井さんのことばを思い出してください。

これは、平井さんの50年にわたる実践の中から生まれたまちがいのない子育て方針です。

この方針で、子育ての日々がしあわせになりますように。

参考文献

『「心の基地」はおかあさん』……（平井信義著　新紀元社刊）
『おかあさんの子育て相談室』……（平井信義著　企画室刊）
『心にひびく語りかけ』…………（平井信義著　企画室刊）
『ほんの少しのやさしさを』………（平井信義著　新紀元社刊）
『おかえりなさいお父さん』………（平井信義著　企画室刊）
『心のめばえにほほえみを』………（平井信義著　企画室刊）
『心にのこるお母さん』……………（平井信義著　企画室刊）
『いっしょに笑ってお母さん』……（平井信義著　企画室刊）
『「悪い子」なんかいないのに』…（平井信義著　企画室刊）
『おおらかに見守ってあげて』……（平井信義著　企画室刊）
『親は子どもの未来をひらく』……（平井信義著　企画室刊）
『続「心の基地」はおかあさん』…（平井信義著　新紀元社刊）
『スキンシップで心が育つ』………（平井信義著　企画室刊）
『子ども中心保育のすべて』………（平井信義著　企画室刊）
『意欲を育てる子育て』……………（平井信義著　子育て協会刊）
『今日からやさしいお母さん』……（平井信義著　企画室刊）

平井信義（ひらい・のぶよし）

東京大学文学部卒。東北大学医学部卒。小児科医として子どもを診察するうち、心の不安が子どもの体に大きく影響していることに気づき、子どもの心の発達とそのゆがみについて実践研究を重ねる。お茶の水女子大学教授、大妻女子大学教授（児童学）を歴任。幼児期にスキンシップで母と子の心を結びつけ、そのうえで「意欲」と「思いやり」を育てるという自然で納得のいく子育て法は、親たちから熱い共感と支持を得て、140万部を超えるベストセラー『「心の基地」はおかあさん』をはじめ、多数の名著を世に出した。（2006年没）

本文デザイン／寒水 久美子
本文イラスト／おかドド
DTPオペレーション／株式会社明昌堂

やさしい気持ちになれる子育てのことば

0～6歳は甘えて育つ

発行日	2009年 9 月 5 日　初版 2010年 5 月21日　第 3 刷　発行
著　者	平井 信義
発行人	坪井 義哉
発行所	株式会社カンゼン 〒101-0021 東京都千代田区外神田2-7-1　開花ビル4Ｆ TEL 03（5295）7723 FAX 03（5295）7725 http://www.kanzen.jp/ 郵便振替 00150-7-130339
印刷・製本	株式会社リーブルテック

ISBN 978-4-86255-047-7
Printed in Japan
定価はカバーに表示してあります。

ご意見、ご感想に関しましては、kanso@kanzen.jpまでEメールにてお寄せ下さい。お待ちしております。

子育てマンガ

「心の基地」はおかあさん
やる気と思いやりを育てる親子実例集

140万部突破のベストセラーがマンガになりました。子育ての基本がすべて収められた、おもしろくてとってもためになる本です。

対象年齢 0 〜 15 歳

平井信義 原作／ 大谷美穂 マンガ ／ 海野洋一郎 編

定価：1,260円（税込）

子どもをしあわせにする

「笑う子育て」実例集
親が笑う　子どもが笑う

笑いのある家庭には心も体も健康な子どもが育ちます。ユーモア教育の第一人者が放つ、本邦初、画期的にオモシロイ子育ての本。

白梅学園大学准教授
増田修治 著

対象年齢 6 〜 12 歳

定価：1,365円（税込）

「食卓の力」で子どもが変わった！
いっしょに食べて心を育てる

友だちとつきあえない、いじめ、不登校、ひきこもり、拒食、過食……。心の発達に与える食卓の圧倒的なインパクトを実証する親子実例集。

臨床心理士・聖徳大学児童学科教授
室田洋子 著

対象年齢 3 〜 15 歳

定価：1,365円（税込）

1 〜 6 歳　成功する！

しつけの技術
叱らなくても大丈夫

叱っても、叩いても、しつけはうまくいきません。親が子どもをしっかり支えてあげれば、子どもは自分からしつけを受け入れるのです。

癒しの子育てネットワーク代表
阿部秀雄 著

対象年齢 1 〜 6 歳

定価：1,365円（税込）

あふれるまで愛をそそぐ
6歳までの子育て
子どもの心にひびく愛・ひびかない愛

親の愛が伝わったとき、子どもはたちまち変身します。子どもの心にふれる的確な愛の伝え方が、実例ではっきりわかります。

NPO法人子どもの教育　幼児部門代表
本吉圓子 著

対象年齢 1 〜 6 歳

定価：1,365円（税込）